El deporte y mi cuerpo

Natación

Charlotte Guillain

Heinemann Library
Chicago, Illinois

www.heinemannraintree.com
Visit our website to find out more information about Heinemann-Raintree books.

To order:
☎ Phone 888-454-2279
💻 Visit www.heinemannraintree.com to browse our catalog and order online.

Edited by Siân Smith, Rebecca Rissman, and Charlotte Guillain
Designed by Joanna Hinton-Malivoire
Picture research by Ruth Blair
Production by Duncan Gilbert

Originated by Chroma Graphics (Overseas) Pte. Ltd
Printed and bound in China by South China Printing Company Ltd
Translation into Spanish by DoubleOPublishing Services

13 12 11 10
10 9 8 7 6 5 4 3 2 1

Library of Congress Cataloging-in-Publication Data
Guillain, Charlotte.
  [Swimming. Spanish]
  Natación / Charlotte Guillain.
    p. cm.—(El deporte y mi cuerpo)
  Includes bibliographical references and index.
  ISBN 978-1-4329-4344-8 (hardcopy)—ISBN 978-1-4329-4350-9 (pbk.) 1. Swimming—Juvenile literature. I. Title.
  GV837.6.G8518 2011
  797.2'1—dc22   2010006709

Acknowledgments
The author and publishers are grateful to the following for permission to reproduce copyright material: Alamy pp. **10** (© Martin Strmiska), **19**, **23** (© Richard Levine); Corbis pp. **4** (Reix—Liewig/For Picture), **6** (Jan Butchofsky-Houser), **12** (Annie Griffiths Belt), **15** (Scott McDermott), **23** (Annie Griffiths Belt), **23** (Scott McDermott), **23** (Reix—Liewig/For Picture); Gett Images pp. **11** (Leander Baerenz/Photonica), **13** (David Madison), **16** (Tracy Frankel), **20** (ColorBlind Images); iStockphoto **22**, **22** (© Martin Pernter), **22** (© Rafa Irusta); Photolibrary pp. **8** (Purestock), **14** (Flirt Collection), **17**, **18** (Radius Images), **21** (Burke/Triolo Productions); Science Photo Library pp. **7**, **23** (Bill Bachmann); Shutterstock pp. **5** (© Gert Johannes Jacobus Vrey), **9** (© Sander Rom).

Cover photograph of swimmer reproduced with permission of Getty Images/China Photos. Back cover photographs reproduced with permission of iStockphoto: 1. child in swimming cap; 2. swimming goggles (© Martin Pernter).

Every effort has been made to contact copyright holders of material reproduced in this book. Any omissions will be rectified in subsequent printings if notice is given to the publishers.

Disclaimer
All the Internet addresses (URLs) given in this book were valid at the time of going to press. However, due to the dynamic nature of the Internet, some addresses may have changed, or sites may have changed or ceased to exist since publication. While the author and publishers regret any inconvenience this may cause readers, no responsibility for any such changes can be accepted by either the author or the publishers.

Contenido

Algunas palabras aparecen en negrita, **como éstas**.
Puedes hallarlas en el glosario de la página 23.

¿Qué es la natación?

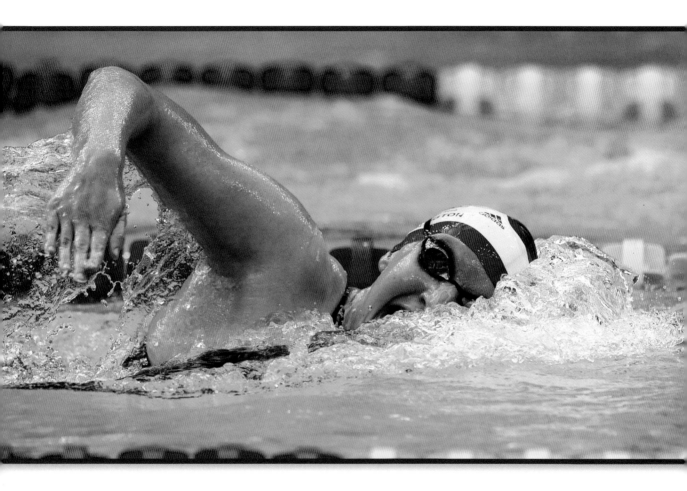

La natación es un ejercicio que hacemos en el agua. Puedes nadar en el mar o en una piscina.

Algunas personas nadan en competencias y carreras. Otras personas simplemente nadan para mantenerse en forma y divertirse.

¿Cómo aprendo a nadar?

Necesitas que un adulto te enseñe a nadar.
Un maestro de tu escuela o un profesor
de natación pueden enseñarte a nadar en
una piscina.

Primero necesitas acostumbrarte a meter la cara en el agua. Quizás quieras usar **flotadores** como ayuda para aprender a nadar.

¿Cómo uso los brazos?

Usas los brazos para empujarte a través del agua. Se conoce como **brazadas** cuando mueves los brazos de diferentes maneras.

Puedes usar los brazos para empujarte
sobre el borde de la piscina y salir del agua.

¿Cómo uso las piernas?

Usas las piernas para patear. Esto ayuda a moverte en el agua. Cuando pateas fuerte, nadas más rápido.

Usas las piernas cuando saltas al agua o te zambulles en la piscina. Debes doblar las rodillas antes de saltar.

¿Cómo uso el resto del cuerpo?

Puedes **flotar** de espaldas en la superficie del agua.

Puedes aprender a contener la respiración y abrir los ojos debajo del agua. Puedes levantar la cabeza o girarla a un costado para poder respirar mientras nadas.

¿Qué le sucede a mi cuerpo cuando nado?

Al entrar en la piscina, el agua puede hacerte sentir frío. El cuerpo se calentará mientras nadas y respirarás más rápido.

músculo

Tu corazón comenzará a latir más rápido.
Los **músculos** de tus brazos y piernas se
sentirán cansados.

¿Qué se siente al nadar?

La natación es una buena manera de divertirse. Puedes hacer nuevos amigos mientras nadan juntos.

Se siente bien mejorar en la natación.
Si nadas más lejos o más rápido, quizás
obtengas un trofeo o una medalla especial.

Cómo nadar sin peligro

Siempre debes prestar atención a tu maestro o al **salvavidas**. Asegúrate de conocer las reglas de la piscina.

Nunca corras cerca de la piscina porque
podrías resbalarte. Antes de saltar al agua,
fíjate de que no haya nadie en el medio y
que el agua sea suficientemente profunda.

¿La natación me mantiene sano?

La natación es un buen ejercicio y te ayudará a mantenerte en forma. Para mantenerte sano, también necesitas descansar mucho.

También debes comer alimentos saludables todos los días y beber mucha agua.

Equipo de natación

gafas de natación

gorro de natación

toalla

Glosario

 **flotar** permanecer sobre el agua

 **flotadores** cosas que flotan en el agua y se pueden usar como ayuda para aprender a nadar

 **salvavidas** alguien que trabaja en una piscina o en la playa ayudando a las personas a mantenerse fuera de peligro en el agua

 **músculo** parte del cuerpo que te ayuda a mover. El ejercicio puede desarrollar los músculos y fortalecerlos.

 **brazada** en natación, una brazada es un movimiento que se hace con los brazos para desplazarse por el agua

Índice

Aprende más

http://kidshealth.org/kid/watch/out/water.html
Averigua cómo mantenerte fuera de peligro en el agua y por sus alrededores.

www.usaswimming.org
Este sitio web presenta información sobre cómo participar en actividades y eventos de natación.